바람의 뿌리

바람의 뿌리

이봉명 시집

도서출판 두엄

시인의 말

뜻하지 않은 일들이
각다분하게 만든다
길을 나서다가 아주 한 번씩
뒤를 돌아보는 일이 있다
누군가 뒤에서 내 모습을
바라보며 따라오는 낌새 때문이다
바람이거나, 바람과 함께
나를 따라오는 것들이 있다
오래 길을 걷지 못한다
무릎이 쑤시거나, 관절이 아파서
아니면 발목이 시리거나
무거운 짐 때문에
자주 발걸음을 멈추고
딴짓 하기를 일삼는다
계속 길은 가야 한다

2017 겨울 적상산에서
이봉명

차례

1부 | 너를 위하여

2부 | 뿌리로 깊어진다

3부 | 누군가 있다

4부 | 열어 두고 싶은 것이다

5부 | 풀은 마르고 꽃은 떨어지되

제1부

너를 위하여

그림자 3

바람이 불었다 골목을 따라나서는
노모의 말려 올라간 바짓가랑이
사이로 몸을 사리는 동안
어둑한 마당에 붉은 꽃잎 날고,
희미한 눈가에 고요히 눈물 흐르고
생살 앓는 엄지손가락 사이로
그믐달 뜬다
기별도 없이 왔다가
낮고 아득한 나는 누구냐고
자꾸 여자가 물으면, 그 새벽녘의
흐느낌처럼 꽃잎 한 장
이마를 짚는다

그림자 4

그 여린 것은 눈망울이 없다
자망 내려다보아야
어처구니없이 눈에 들어오는 것
안에서 깊이를 알 수 없는 파문이 일고
감을 수 없는 아버지의 둥근 눈망울에서
짐승의 소리로 눈물이 난다
징병에서 돌아와 마을 입구에
들어서면서 바짓가랑이를 붙드는
어미였다가 아비였다가
그곳이 저 여자다
여자가 애써 기억해 주지 않으면
짚불을 밟을 수 없다

자고새 2

내 속을 가장 잘 아는 새는
자고새

예순을 넘긴 사내여, 왜 웃느냐
그러고 보니 나는 여태
네가 누구인 줄 몰랐겠느냐
한 시절 제 집으로 들 때도
꽃이 피고 지는 동안에도
어쩐지 자꾸 뒷일이 켕겨
헛웃음 지으며 드나드는 그 속을
가장 잘 아는 내가
까마중 같은 새의 두 눈을 마주치며
휩쓸리는 자고새

새벽길 5

새벽에 눈을 뜨니 방안에 어둠이 가득하다
더듬어 문을 열고나서면 새벽별 주루룩 내린다
머리와 어깨를 타고 다닌다
내 인생의 뜰엔 잠시도 쉬어가지 않는 주문들로 바쁘다
미처 다 부르지 못한 얼굴들이 반짝이고
약속도 없이 문을 두드리는 저 많은 영혼을 불러 모아
눈 뜨면 영락없이 먼 훗날 아버지는 문을 열겠네
절룩거리는 다리로 걸어가는 길
처음엔 내가 휘저으며 걷고 있는 줄 알았네
이 세상에 처음 온 듯이
소리도 없이 지금 막 어둠을 밀고 있네
보이는 건 멀리 새벽을 여는 불빛 하나
끝없는 끝이 보이네

소꿉놀이

소꿉놀이하다 말고 손을 터는 자리는
언제나 한 곳, 바뀌는 것은 떠나는 동리
순간적으로 바뀌는 오늘과 내일이
그들에겐 동일하다
메마른 땅에서도 그들의 양식은 충분하며
수목들이 안으로 뻗어나듯 우리 모르는
둘레에서 그들만의 노래가 있고 싱싱한 마을로
가는 길이 있다, 참으로 착하게 자라가는
아이들은 촛불을 들고
흩어지는 아이들의 옷자락에서 파동쳐 오는
어느 부분에서 끝없이 마음은 요동치는 것인가
무거운 짐으로 밝은 길을 떠나는
싱싱한 마을로 가는 길에다
우리의 얼굴을 놓아두고
함께 종일을 소요해 보자
나도 아이이고 싶어라

자화상 3

시 쓰다
흔들리는 술잔으로 뛰어든
예순 넘은 사내
우우, 느껴 울다가
지친 그믐달에
목매단다

꿀벌 12

쉬지 않으리
5월의 우거진 꽃 숲을 헤치며
쉼 없이 건너서
그대에게 다가가리

넓은 들에서 멈출 줄 모르는
바람을 가르며
눈부신 햇살 쏟아지는 하늘에 떠 있는
저 꽃의 향기 따라
그대에게 날아가리

이 세상 모든 것보다 더 소중한
너를 위하여
그대에게 날아가리
무섭다고 떠나는 자보다
다시 돌아와
어린뿌리 뻗는 그대에게
우거진 나무 사이로 꽃 피우는

풀꽃 5

걸어온 만큼이나
걸어갈 만큼이나
풀꽃은 피고 지면서
발밑에 더 많은 빛깔을 가진 마을에
어디서 왔는지 이름을 부르는 새와
너무 큰 두려움을 가진 짐승 한 마리
바람에 풀들이 쓰러져 우는 것을
그 안 가득 가슴으로 소리 듣는다

언뜻 피었다가 지는 꽃
몇 개의 얼굴로 피는 꽃
그 중 몇몇의 꽃의 열매 중
또 다른 모양의 열매로 흙을 덮는 것들
숨죽이며 조용히 앉는다
헤어져 돌아갈 날보다
비가 내리면 다시 만나야 할 어느 초라한
돌담 아래에서 촉촉이 젖는 가슴으로 별이 내려와
이승과 저승 사이 모두가

버리고 간 풀 한 포기 외진 곳에 자리 잡고 키워 간다
꼭 한 번쯤은 표정도 없이 피었다가
눈을 감아도 보이는 꽃 한 송이
아니면 그것은 당신이 찾지 않아도
죽어서 살아 있고 살아서 죽어 있는
꽃으로 피는 꽃

포내리 4
– 까마귀의 노래

이제야 알았어
나의 이름 부르는 이의 속마음을
눈부시게 영그는
먹음직한 열매들, 속살 차오르는 날
흔들리는 세상 가까운 곳에서
그대를 만났다면
나를 부르는 자 곁에서
아직 눈치채지 못했어
희망의 급소 겨냥하여
기다리는 동안 너에게 가고 싶었어
아주 오래전부터 멀어진
그리하여 간격을 좁히지 못하는
희망은 어찌하여
자꾸 쓰러지는지
내 모든 길 차단하고
지독한 환각 상태로 날아가서
부서지는 빛으로 뒹굴었어
저 빛 조각의 크기만큼

꿈꾸며 다시 날았어
마침내, 하늘을 가르면서
나 혼자 몸을 살랐어
새 한 마리로 지상에 뿌리 뻗으며
닿고 싶었던 거야, 지친 기다림을
이제야 알았어

비 -여름

무너지고 말았다
어디로 가야 할 곳은 없었다
길은 길을 찾아가야 할 사람에게 아무 답변이 없다
수시로 손짓을 하는 여자의 치마폭으로도 길은 없었다
아버지가 누웠다가 일어나 그 자리에 다시 꼬박 잠들고 나면
역사는 길을 만들지 못한다, 길을 잃을 때부터
시작된다는 것을 물이 강으로 가기 전에 시작됐다
무너지는 것은 축대나 허황된 튼튼한 젊은 날의 미래뿐
우격다짐으로 버티어 보는 것은 금세 본색을 드러낸다
사실, 어린 날 떨며 걸어가 바라봤던 강에서 펄떡거리며
거슬러 오는 민물고기들의 비늘 빛이 눈부신 것도 몰랐다
흙탕에 어머니가 젖은 채 떠내려갈 때
사라지는 것은 일제히 일어서고 있었다
두려워 말라, 시간은 잠시 어느 마을 주변에 서성이고
마을을 떠나간 그 젊은 날, 반짝이는 손등의 힘줄과 같이
피 나는 가슴으로 돌아오리
서른 살의 발걸음으로 돌아가리
비가 오거나, 바람이 분다고 주저 않으리
아주 비겁했던 마을로 돌아와

일어서서 다시 떠나지 못하리라는
긴 강줄기를
빛나는 물줄기를

8월 오후

젖은 여자가 낡은 우산을 들고 지나간다 젖은
개 한 마리 여자의 발자국을 밟으며 묵묵히 따라간다
여자처럼 목줄 없는 개 한 마리
가끔 뒤를 돌아본다
호박잎을 두들기는 빗줄기
8월의 시간을 쫓고 있다

참말로 무정시리도 비가 오네
들깨 밭떼기 다 쓸어버렸으니
아들 학자금은 워터케 한다냐

못 들은 척 앞질러 가는 개 한 마리
여자를 돌아보지 않는다
멀쩡히 낡은 우산 탓하며
세차게 비는 긋는다
하마터면 산길을 성큼 따라가는 개의 꽁무니를
여자가 놓칠 뻔한
우두둑 늦은 기억을 더듬어
내내 습기 머금은 8월 오후
가슴만 쓸어내릴 뻔했다

9월이 오면

푸른 것들은 이미 이곳저곳에 모여
머리를 맞대고 앉아있다
호박잎에 어려 있던 이슬방울도
열매를 바라보며 반짝인다
자욱한 안개의 넓이를 어루만지며
바람이 마을을 한 바퀴 돌고 나면
이른 아침 바튼 기침을 삼키며
숨 가삐 들길을 나서는
여든아홉의 굽은 등허리에
촉촉이 이슬이 내린다
멀쩡히 잘 있다가 간질처럼 벗어놓은
늙은 감나무 끝, 까치 소리를 달고 접어 나르며
강줄기를 따라 떠났으므로
사는 것도 언제나 버티고 선
무르팍을 꺾을 수 없다
수몰민이 두고 떠난 마을 입구에서부터
따라붙은 새벽바람을 견디고 있는
그렇고 그런 날들이 동쪽 창틈 새로
비집고 들어와
9월의 숲은 유유히 밀리고 있다

제2부

뿌리로 깊어진다

흔적

바람이 불지 않았다
비도 내리지 않았다
남아 있는 것은 무수히 내려앉는 침울한 기억들
사이로, 한참 오래된 나뭇가지의 상처와
상처에 젖어있는 그림자의 눈부신 것들
전설처럼 묵직한 발걸음으로 서서히 침략해온다
도처에 그대가 버리고 간 것은 또다시
어느 마을의 겨울처럼
남겨두고 떠나온 약속
땅바닥으로 외경처럼 주저앉는다
바람이 불었다
비 내리고 있을 때마다
깊이 젖어 들었다
흔히, 남아 있을 피 묻은 유서를 찢으며
이전에 두고 간 자들의 아침나절의 역사
돌이키지 않으려고 다시 쓰지 않는다

이름을 부르는 모양으로
잠시 서 있다가
새의 둥지를 떠난다

새벽

몸속의 뿌리를 잘라 내고 싶다
그러나 더운 심장이고 싶다, 피보다 더 끈적거리는
무엇이고 싶다
여자의 머릿결보다 더 보드라운 흔들림으로
간절하고 싶다
내 이름을 부르는 목소리로 떠나가리라
길도 하늘도 보이기 시작하는
이 새벽을 따라
벌레 한 마리 걸어간다
만상의 뿌리들이 자라 넘실거리는
시절은 봄날이지만
아직은 어둠 속의 씨와 촉수를 안에 견디며
마을에 닿는 길을 따라 내려오면
풀숲에 남아 있는 온기
삶의 어느 한순간에 이렇게
뿌리 뽑히고 싶기도 한 것인가
새벽을 따라가다 보면
어디쯤에서

바람의 뿌리를 만날 수 있을까
나는 더 머나먼 곳을 향하여
가고 싶은 것이다

빈집 1

가슴 한가운데 못을 박았고요
겨울 낮달처럼
딴청 피우며 오래오래 기다려지는
오랜 여백으로 번져 젖고요
아직 깨어나지 않은 얼굴
연방 들락거리며 작두질하는
잠들지 못하는 것
살아있다는 것은
저린 발목을 꺾으며 눕는다
대체, 왜들 강물 소리로 울더니
어둠 속에서 스스로 몸 푸는가
저, 황달 걸린 낯익은 여자의 우울한 정적
안방에서 건넌방으로 뛰어가는
어머니는 돌아누웠다
막 피어난 꽃밭으로 피를 쏟으며
썩은 서까래 퇴색하거나 눈부신 기억
녹슨 문고리에 온몸을 매단다
눈빛 시린 짐승의 젖은 울음소리

빈집이었다, 작고 낮은 몸으로
사내가 빠져나간 곳은
어디든 숲이 되었지만
살아서 숨을 거두는 오랜 기억의 뿌리
뿌리로 깊어진다

그림자

텃밭 옆 구석진 귀퉁이에
아버지가 버린 듯한 가죽가방 하나와
그 옆에 우두커니 놓인 검정고무신 한 짝
그리고 엽연초 비벼 담아 피우던 빨대 부러진
곰방대 하나가 있다
주인이 가지런히 두고 떠나버린 것을
어느 아이가 던져 놓고 간
그림자처럼 침묵하고 있다

필시 세상에 끝까지 남겨두어야 하는지도
모르겠다, 는 명시도 없이 머리끝까지
속으로 침묵해버렸는지도 모르는 것이라는 것을
지금은 그림자가 되어버린 것이리라
아버지는 뜬금없이 어디로 몸을 감추고
아득히 이승의 숨소리에 젖고 싶었을까
듬성듬성 기워진 검정고무신 뒤꿈치의 얼굴로
허둥거렸을 걸음의 발자국을
끝까지 감추고 싶었던 것은 아닌가

치기어린 많은 세태를 열어보았는지
반쯤 찢어진 가죽 가방에
꼭꼭 몸을 구겨 넣은 채
수난당한 얼굴 숨겨 두었다
아버지를 다시 숨겨 주지 못한 채
가을빛은 잡념을 통해서만
그림자를 길게 끌어가고 있다

눈물 2

숲에서 나무의 기억을 본다
나뭇가지 흔들릴 때마다
새들이 가볍게 난다
너도 아니고 그도 아니면서
눈물인 듯 어쩌면
스치는 바람의 흔적인 듯
숲을 흔들고 지나간다
멀리 떠나버린 것은 돌아오지 않는다
잎이 지면, 그들은 어디로 그렇게 떠나는가
잊혀져 가는 하나의 몸짓으로 숲을 떠난다
저물녘의 숲은 언덕 너머로
바람도 없이 몸짓을 한다
나는 그 언덕에서 손을 흔들고
눈물 없이 울고 있다. 내가
시나브로 숲이 된다
아직도 뜨겁고 아직도 순결하지만
나무들은 먼동이 틀 때까지
먼 바다에 닿았다가

가난한 마을의 뒷동산을 지나
눈물보다도 먼저 내려와 앉는다

길 위에서

이 길 위에, 내 발자국을 찍으면
돌아갈 그 날을 위하여
사람은 한사코 기억하지 않는다
발목이 저려오는대로, 지상에서
세상의 꽃은 다투어 피고
제 무게 이기지 못해 쓰러진다
늦은 오후 그늘 밑에서
경전의 문장에 붙들려
그 옛날 어머니의 젖무덤에 얼굴을 묻고
졸고 있을 때, 서둘러 재촉하는 그대

어디든 한세상 쉬어갈 땅,
그 길이 열린다면
그대를 만나고 그리워하는 일이
슬픔이 아니었으면 좋겠다
더 이상 세월이 흐르고
머리칼이 희어지더라도
오래전, 묻어버린 고통처럼

내 누추한 살림을 들추어내지 않고,
늘, 내 곁에서 다투어 피고 지는
꽃이었으면 좋겠다

어머니가 눈부신 꽃상여를 타고 갈 때처럼
이 길 위로, 눈물 흘리며
힘든 발걸음 재촉하지 않아도
내 삶은 온통, 길 위로 뛰어드는 것
껍질을 벗으며 드러내는
나의 부끄러움이여,
더 큰 부끄러움이 아니었으면 좋겠다

벌꿀 2

어떤 꽃에서 퍼 왔느냐고
묻지는 못했다
들에서 산에서
깊은 산골 이름 없는 꽃에서
얼마나 애를 끓이며 퍼 날랐으면
맑고 붉고 투명하다 못해 달콤하기까지 하던
꿀은
봄이 가고 여름 가고 가을의 끝자락에 이르러서야
순명처럼 깊어지는가
겨우내 나무뿌리 끝에 매달린 수액처럼이나
안쓰럽고 그윽한 결정 같이나

고향, 포내리에서 1

논둑길을 가로지르며새를 쫓던 날이 있었다하나 둘 냇가로 멱감으러 다 가고동생과 논둑에 앉아 새를 쫓던슬펐던 어린 시절엎드려 몽둥이로 엉덩이 때리던 형의눈빛을 피해서저녁노을 짙어지면참새 떼가 우르르 몰려와잘 익은 벼 이삭을 쪼던닭들이 달려들어 벼이삭을 따먹던마을 앞 논두렁이왜 우리는 참새와 닭 새끼들 때문에맞아야 하는지도 모르고, 마냥슬퍼서 저녁을 굶은 채 잠들었다어머니와 아버지는엇갈린 책망을 주고받으며잠든 아들의 등 뒤에서담배만 뻑뻑 피웠다삶은 억압당하는 자의 몫이었다고당치도 않는 생각을 하면서또 다른 초가을 하늘을 뜨겁게 달구는꿈속으로 뛰어들었다빈속으로 울먹이며 잠든 아들의엉덩이 밑으로 어머니의 손이 들어왔다나는, 언제나 어린 동생과 초가을햇볕에 그을린 깜둥이로논둑길에 서성이는이미 어린 나이에 허수의아비였었다

꿀벌은 간다

꿀벌은 돌아와 무덤에 비문을 새긴다
폐가의 문간에서 그리운 얼굴로
몸짓으로 새기는 비문을 엮는다
주름진 계곡마다 꽃 피고 지는 일
머리를 들어 사방을 둘러보면
온갖 꽃 피었다 지는 오월 끝 무렵이 차마 무서웠다
너를 이해한다고
너를 기다린다고
빈 쌀독 가득, 남은 건 다름 아닌
빗장 지르고 떠나간 쓸쓸한 벌판
생명의 자유 꿈꾸는 꿀벌이여
꽃은 우리들의 양식의 곳간이어라
생명이어라
하늘 보지 않고도 하늘로 열린 네 뜻
꿇어앉은 무릎을 찍어 누르니
꿀벌이여
황폐하기를 스스로 자처하는 이 땅에
돌아오라 올라오라

뿌리박힌 것들 죄다 새순 내밀고
곡식들이 자라는 밭과 논배미마다
열매가 영글어 찰 때까지
예감처럼 날아드는 정적을 깨며
침묵 깊은 곳까지 꿀벌은 온다

제3부

누군가 있다

가을비 5

바람이 불다 불다 그친다
바늘로 찔러도 피 한 방울 안 나올
발등에 불 떨어졌다

밴댕이 소갈머리에
뱁새가 황새 따라가다 가랑이
찢어진다

봇짐 내어주며
하룻밤 더 묵었다 가란다

가을비 6

산골 부자가 바닷가 개만 못하다
새도 가지를 가려 앉는다

섣달그믐날 개밥 퍼주듯
주러 와도 미운 사람 있고
받으러 와도 고운사람 있다

가을비 7

질러가는 길이 돌아가는 길이다
집 좁은 건 살아도 속 좁은 건 못 산다
한 사람 가는 길로 가지 말고
열 사람 가는 길로 가라
하룻밤 자고 나면 수가 난다

함지 밥 보고 마누라 내쫓는다

가을 오후 4

하얀 날개를 펄럭이며
그 나비가 왔다
푸른 이파리 끝머리에 앉아
잠시 호흡을 가다듬는 따뜻한 위로가 필요한
산과 들, 단풍이 고운 가을 오후 한나절
낡은 수첩 몇 장을 가득 메우고도 남은
행적을 두고 있다
여든아홉의 어깨에 무겁게 내려앉는
붉은 감나무 이파리 하나
가늘게 몸 떤다

가을 오후 5

깊어갈 수록 제단의 향처럼
두런두런 거리를 나서면
벽에서 내려온 여든 아홉의 어머니는
얼마나 많은 날 마음을 비워야
저무는 해를 붙들 수 있을 것인가

기다린다
주름살 하나 없이 푸르게 빗질해 놓은
하늘
여전히 꽃씨 한 줌 흩어 놓고
쪽파 서너 줄 꼭꼭 묻으며
육 쪽 마늘 쪼개는 오후
넘어가면 그만인 마지막 달력
한 장 넘긴다

가을 오후 6

햇빛이 걸려 넘어지는 빨랫줄 끝머리 쪽으로
빨간 아기잠자리 앉았다 일어섰다 앉았다 일어섰다
오후 세 시의 가을바람의 빠른 속도에 넘어지는 것을 바라본다
뒷짐 지고 할아버지를 따라 골목을 나서는 다섯 살 손자의
고무신 코빼기에 또 밟히는 붉은 감잎들이 바스락거리며 앞질러 가고
움직이지 않을 것 같은 붉은 적상산 네 시의 햇살을 안으며
주춤주춤 마을로 내려와 있다
나무 꼭대기에서 내려온 감, 새빨갛게 벗은 줄도 모르고
줄줄이 처마 끝에 앉아 그 뜨거운 가을 끝의 햇살을 만지고 있다
어머니의 아홉 손가락 사이에 마냥 뛰노는 콩깍지 틈에서
그들은 빈 장독대 사이 꼭꼭 숨었다

외딴 마을에 닿는 길처럼 실뿌리에서 잔가지까지 이어지는
너의 침묵은 오후 다섯 시의 가을빛으로도 충분하다

가을 오후 7

무릎이 쑤시도록 아팠던 기억
자식보다 더 귀중했던 모습도
제 것은 아니었던 것을

오랜 기간 관절을 앓으며 이루어진
무성했던 숲의 그늘

바위와 나무의 틈 사이에 섞여
숨죽여온 그 폭풍에 눌려
사람의 마을 안에 귀를 기울이며
돌을 닮은, 산을 닮은
나무가 되어가는 가을의 끝날
키만큼 하늘만큼
나무로 서 있다

추분

그물을 내린다
촘촘하게 비집고 미끈하게 팔뚝을
걷어 올리는
며칠 전 그가 떠나온 마을
서로의 얼굴을 우두커니 그 창에 기대어 놓고
아침을 기다리는 사이
누가 먼저 꽃잎을 그리 밟았을까
세월은 지문을 문지르고
푸른 달빛 쌓인 길을 걸어 나와
누군가 저편에 있다
자고새 한 마리
아침 햇살처럼 날아오른다
날개를 내린다

한로

깊던 물도 얕아지면
고기 아니 온다고
아버지 먼저 길을 나섰다

나중 꿀 한 그릇보다
당장의 엿 한 가닥 달다고
어머니 허리 굽혀
빗자루 들고 나선다

동아 속 썩는 것은
밭 임자도 모른다고
딸 셋 시집보내면
기둥뿌리가 흔들린다

단풍

쓸데없이 잎이 붉다
늦도록 바라보고 있으면
더 쓸데없이 잎이 붉다
오늘 옛일을 생각하며
종일 바라보고 있으면
쓸데없이 더 붉다
붉은 잎 지기 전에
하나둘 벗고 돌아앉아
붉은 얼굴 짚었다

가을, 늦은 오후

누군가 있다
창문을 열고 있다
창밖으로 쑥 디밀어
얼굴을 드러내고 있다
그가 기억하고 있는 늦은 시간
빛의 중심을 가득 끌어안고
어디로 달려가고 있다
붉은 화면을 찡그리며 자꾸 빨려 들어가고
채집 당한 곤충처럼 가만히 살피고 있을 때
하나의 순환 속에 갇혀
눈부신 공기의 수액들을 마시며
열린 문을 닫아걸던 적당한 무게를
나는 자꾸 묻고 싶어진다
어느 먼 마을에 달려가고 싶어진다
문을 두드리면 금방 창문을 열고 나올
착한 얼굴을 그리며 잎이지는 일
꽃이 피고 지는 일
열매가 익어 떨어지는 일에서

누군가 약속도 없이 만나고 떠나는
왜 자꾸만 눈시울이 붉어지는 일들이
내 곁에서 일어나고 있는지
나는 자꾸 되짚어 보고 싶어진다

그날

그날, 새벽 네 시의 어둠 속을 밀치고
마을 끝 나무 밑에 앉아 있는 동안
남쪽에서 비행기 반짝이며 적상산을
넘어가고 있다
이층집과 마주한 초등학교 운동장으로 빠르게
들고양이 질러가고
도랑물 고요히 계곡을 내려와 예배당 앞을 지나칠 때
이슬 같은 별들이 떠다니다 잠긴다
거기서 나는
잠 못 든 장끼 소리를 듣는다
먼 산 숲의 숨소리를 듣는다
나무들의 옷 벗는 소리와
사각거리는 다람쥐의 발걸음 소리와
미처 떠나지 못한 몇 마리 짐승이 이끄는 대로
안개 속에서 겨울로 가는 가쁜 기침 소리와
이동할 것이다
첫눈은 그제야
각다분한 세상의 마을에 내려와

조심스럽게 닿겠지만
포내리로 돌아와서 내가 묻었던
새 한 마리 그냥 날아가는
그날,
깊어가는 가을날의 꼬리를 물고
네 시의 어둠 속으로 들어간다

이런 날은

마을에 멈췄던 나무는 다시 길 안쪽에 자리 잡는다
오래전부터 제 발걸음 재던 사내의
붉은 얼굴로 문을 걸어 잠그고
구불구불한 마을의 입구 어딘가에서
촘촘히 그물 내린다
흘러간 물과 흘러온 물 섞이어
하늘을 그린다 별이 반짝인다
고단한 오후를 걷어내고 잠든
여자의 창문을 문지르며 반짝인다
맨발로 밟고 간 가을 오후의 마당
장독대 뚜껑을 열고 반짝인다
그렁그렁한 내 두 눈 안에서 반짝인다
이런 날은 이 세상에서 내가
가장 빛나는 얼굴로 잠들지 못한다
어쩌면 이 세상에서 네게로 가는 길
끝까지 반짝인다
아주 슬픈 빛깔일지도 모르겠지만
별 하나 별 둘

선을 그으며 어디론가
바삐 떠난다

10월 어느 날, 오후

10월은 눈빛만 마주쳐도 자지러지는
물비늘처럼 반짝이다가 누군가 다가오는
발자국 소리에도 금방 부고장을 내밀었다
나는 이국의 낯선 얼굴로 다가오는 바람 같은 것은
외면하면서 각다분하게 발걸음을 옮기지 않았다
음력 10월이 다 가기 전에 눈이 내리고
눈을 걷어내고 육 쪽 마늘을 심었고 비닐을 덮지 않았다
사과나무 발등에 시리지 않도록 잔뜩 거름을 주는 것
드문드문 가지에 붙은 몇 개의 사과를
파먹는 새의 부리에 늦은 가을빛은 산산이 쪼개졌다
미처 털지 않은 콩깍지 사이로 뿔뿔이 흩어졌다
세월의 손목을 끌고 가는 노부부의 불안한 그림자
기다랗게 골목으로 접어들었다

제4부

열어 두고 싶은 것이다

겨울비 4

뜬금없이
남의 아이 떡 주라는 소리는
내 아이 떡 주라는 소리

겨울비 5

남이야 지게 지고 제사를 지내건 말건
남의 집 잔치에 감 놔라 배 놔라 한다

겨울비 6

낫 놓고 기역 자도 모른다고
내 속 짚어 남의 말 한다

넘어진 김에
누울 자리 봐가며
단단한 땅에 물이 고인다

겨울비 7

동정 못 다는 며느리
맹물 발라 머리 빗는다

문틈으로 보나
문 열고 보나 보기는 마찬가지

미련한 놈 가슴의
고드름은 안 녹는다

첫눈 4

간다 멀리 떠나갈 새들이 간다
머리에 서리 맞은 차가운 새벽부터
여러 골목을 날아들었다
고샅의 한기를 몰아내었다
몇 달 지난 새의 기억을 털어버리고
문득 털어버리고 싶었던 온기
나뭇가지마다 주렁주렁 매달아 놓았을
어느 날의 뿌연 눈시울을 두고 간다
서두를수록 몸은 무겁다
새의 가슴에 차곡차곡 쌓였을
마을마다 떠돌던 소문
눈이 쌓이기 전에 먼저 길을 간다,
간다 더 멀리
떠나갈 새들이 간다

첫눈 5

마냥 간직하고 싶다면
더 멀리서 눈짓으로 봐야 한다
늦은 겨울 어느 날, 그때의 기억을 두고
조금씩 자리를 털고 일어나야 한다
막다른 골목으로 달려 들어가야 한다
담을 넘을수록 길은 어둠을 끌어안고
몇 척의 단신을 가로 막을 것이다
불혹의 얼굴은 세상에서 복면을 벗을 수 없다
긴 다리로도 건널 수 없는 징검다리는
여기저기 물을 가로질러 있다

잠시 떠나야 하는 어느 겨울날의 시간은
점점 젖어 있다 비가 오거나 눈이 내리지
않아도 스스로 젖은 몸으로 눕는다 흙은 이미
지그시 창문을 닫고 있다
내일은 오랜 시간을 걸어온 허허벌판을
그렇게 달려와 닫힌 여자의 창문을 두드리겠으나
열리지 않는다
더 굳게 닫혀 있다

첫눈 6

틈이 없다
어느 때는 어미의 늦은 시간
모든 올가미에 걸리고 만다
밤새 돌아누워 문풍지 우는 소리에
잠들 틈이 없다
먼 나라 사막을 건너는 낙타의 발자국을 따라
영락없이 꿈을 꾼다
허기진 밤에 꿈을 꾸는 나무의 움직임을 본다
서로가 서로를 부둥켜안고 잠들면
빈 집으로 우리 말고 누가 또
이삿짐을 푸는가
눈은 산을 더듬어 마을로 내려
틈을 주지 않는다

눈이 내리네 3

적상산을 닦으며 내리는 눈을
바람이라고 말하겠다
바람을 더하면 눈은 꽃밭을 이룬다
이제 막 하얀 이를 드러내는
입안으로 풍문이나
낭설이 아닐지도 모르는 마을의 구석까지
꼭 한 번 시큰둥하게 내리고
쌓인다
다 덮는다

동지(冬至)

같이 우물 파고 혼자 먹는다

거짓말도 잘 하면 오려논
다섯 마지기보다 낫다

기러기는 짝을 잃어도
까마귀와 사귀지 않는다

기와 한 장 아끼려다
대들보 썩힌다

겨울날

구석진 곳으로 그들이 온다
끌고 간 그림자의 비늘을 털어내며
흙의 무게를 쏟아버린 강물을 따라
얼어버린 햇살을 널어 말린다
문을 잠그고 전등을 켜는 마을에서
텅 빈 나무의 그늘을 따라가면
마지막 버스의 불빛처럼
막일꾼의 신발을 벗고 사라진다
캄캄한 어둠 속에서 어미는 매듭을
풀지 않는다, 나이 마흔은 좋은 나이가 아니다
나이 쉰 살에 힘이 부친다고 말하지 않는다
나이 예순 살은 좋은 나이라고 우겨 봐도 헛것이다
일흔의 나이가 되어버린 사내는
금세 눈물 없이도 운다
첫눈이 산을 싸안으며 내리고
밤새 문풍지를 흔드는 밤이면
빛이 고요히 어둠을 거두어가는 아침
늑골부터 저려오는 그런 날이 잦아지는

곳으로 그들이 온다
흰머리 성성한 일흔의 나이가 되기 전에
한없이 앉고 일어섬이
세상의 관절을 꺾는 일
소리 없이 그 날이 온다

겨울엽서 2

이제 나는 눈을 감은
나무의 나이 셈하지 않는다
지나간 날의 한 기록에는
눈을 감지 않거나 한쪽 눈을
번갈아 뜨고 감는
또 비가 내리거나 눈이 오지 않는 날의
생면부지의 얼굴을 기억하지 않는다
일어서야 한다거나 앉은 채로도
살아서 삶을 지탱해나가야 한다
우리는 모두 낮은 포박을 한 채로
짙푸른 생을 되새김질하며
점잖아질 시간이 없다
간혹 사내가 씻은 손에 고무장갑을
벗는 일이 있다
뼈와 살이 한사코 벗어나려 하지 않는 날은
아직 그의 손은 너무 많은 기억을 하고 있다
식솔들의 허기진 눈빛을 뒤로하는 것
가슴부터 젖어와 발끝까지 내려오기 전에

절명의 순간 눈이 내린다 기별도 없이
마을 입구에 닿아 눈이 내린다
언제부터인가 적상산을 더듬어 힘을 모아
눈이 내린다
탕진한 생의 틈새를 비집고
눈이 내린다

겨울엽서 3

이 겨울엔 눈 오는 날의 마을에 대해서
써야겠다고 마음먹는다
여든아홉의 사내의 아내가 같이 명아 지팡이를 짚고
고샅을 나서거나, 귀 드신 남편의 부러진 손가락을
주무르다가 잠든 여자가 주춤거리며 사는 마을에 자꾸
눈이 내린 이 겨울엔 내가 알 수 없는
마음이 자꾸 쓸쓸해지면, 하릴없이 싸리 빗자루의
기세로 겨울 길목을 쓴다
대개는 이제 마른 가지로만 앙상한
몸을 흔들며 이슥한 마을의 뒤쪽에서
숨을 고르며 걸음을 서두르다 보면
가랑이 무릎까지 걷어 올린 솜바지를
잡아당기는 일이 비일비재
서로가 처음인 듯 낯선 얼굴로
가만히 들여다보곤 하는 때가 있다
다만 흘러가는 것들, 다시 흘러오는 것들은
평등함을 보여 준다
하나둘 남의 손에 넘어간 전답의 흙은

사람의 땀방울의 무게를 재지 않는다
대체로 견디기 힘든 날들이었지만
젊은 날의 보릿고개를 넘어온 사람들
눈 내린 고샅의 발자국은 견고히
기록해 두는 일 중의 하나였다

겨울엽서 4

눈이 내리자 숲으로 반쯤 몸을 가린 나무들이
반복하여 앉았다 일어섰다
그 옆에 저린 발목을 쥐고 메마른 가지들과
무수한 잎의 가지런한 소리를 드러낸다
수시로 바람이 나무의 살결을 긁어대지만,
아주 가끔은 강을 건너 낙엽이며 눈을 쓸어
길을 트는 아버지를 본다
무엇보다도, 석 달 전 마을을 떠난 여자의
신발 끈을 기억하고 있다
치명적인 것은 숲이 기우는 것이나
촘촘히 모여드는 일을 햇살은
두려워하는 것이다 이곳저곳
창문을 열지 않은 채 눈이 내리고
저희들끼리 모여 여자의 고무신 가득
몸을 감추며 눈바람을 피하는 것이다
어린것들의 손목을 이끌고 산을 오르고
잠시도 잠들지 못하게 꼭대기로 밀어 올리며
아주 옛날의 기억을 들려주는 것이다

산짐승도, 잔뼈 굵은 사람들도 지금은 모두
잠들어 있을 때, 저희들끼리 짓 까불던 아이들
숲을 밀고 들어오는 것이다
서로가 처음인 듯 가만히 올려다보곤
숲은 깊어지고, 아이들은 숲을 닮아 자라는 것이다
겨울 숲으로 눈이 자꾸 파고드는 날부터

겨울밤 2

아무렇게나 널려진 집으로
그날 밤 눈이 내렸다
아버지가 불러온 가난과
어머니가 챙겨둔 부끄러움을
아이들은 잊은 채
싸늘한 아랫목에 잠들고
소리 없이 소리 없이 밤이 깊었다
비겁하게 세상을 탓하는 일에
익숙하지 못한 건 순전히
밤이 무섭기 때문이었다
배고픈 아이들이 잠 속에서 울고
나는 아무 말도 할 수가 없다
긴 밤을 뒤척이다가
수북이 쌓인 눈길을 쓸어야 하는 일
모두가 쌀밥으로 보이는 눈 내린 밤
아이들이 자꾸 운다 그리고 그들은
꿈속에서 외친다
슬픈 것 아픈 것 추운 것 다 잊을 수 있어도

배고픈 건 싫다
가난은 부끄럽지 않아도
허기진 밤이 깊을수록
자꾸만 무섭다

겨울나무처럼 2

마냥 좋았다
살아 있는 자는 한없이 몸을 떨었다
바람이 불고 눈발이 날려도 좋았다
유리알 같은 하늘이 높아도 좋았다
때로는 따뜻한 구들장 아랫목을 그리워했다
어디서 물든 옷자락을 흔들며
늙은 가지를 버리는 뼈마디 소리
흔들릴 때마다, 부러진 뼈마디 소리
구멍 난 몇 겹의 삭은 옷깃으로 파고든 바람
문밖에서 오돌오돌 떨었다
죄인처럼 고개를 숙였다
정말, 우리는 죽어서도 만나야 했다
강줄기를 얼마나 오래도록 바라봤든가
살아남은 자의 손등을 적시던
늙은 모자의 빛바랜 이불 홑청처럼
굴참나무껍질을 덮고 눕던 마을 가까이
흐르던 눈물, 강은 시작되고
사내의 무릎을 분질러버린 계곡으로

마을에 닿으면, 이백 년 전
고라니의 발자국을 따라
강물은 꼭대기에서부터 흘렀다

겨울밤 3

어릴 때, 달빛 내려앉은 골목을 걷다 보면
달걀귀신의 달그락거리는 소리에 놀라
넘어지는 그런 밤이 있다
한 번 멀어져 본 적이 없는 생을 만지며
겨울의 하얀 세계 어느 지점에 머물러 있다가
꿈속에 있는 나의 잠을 흔들어 깨울 때가 있다
모습을 드러내며 내가 모르는 신분과 정체
경력을 불쑥 요구하는 어느 날과 같이
누군가 다리를 걸고 넘어뜨린다
밤새도록 바람 없이 눈이 내린다
마을은 내 수심만큼 눈이 덮이고
마침내 길을 잃고 뿔뿔이 흩어진다
그 옛날 어느 사막에 남겨진 낙타의 발걸음을 세며
아무리 기다려도 관계를 찾을 수 없는 날이 오고 만다
뼛속에 쌓이는 눈을 털고
구멍 난 장갑을 끼고 더듬거리며
뒤로 어둠을 쓸어낸다

제5부

풀은 마르고 꽃은 떨어지되

상강 1

가난한 상주 방갓 대가리 같다는
칠순을 넘은 그림자 하나
가는 날이 장날
계집 때린 날 장모 온다고
뜨락 섬돌 위에 옷 젓는다

늦가을 마당에 빗자루 몽당이를 들고
춤을 춰도 농사 밑이 어둑하다
가을밭에 가면
가난한 친정에 가는 것보다 낫다

상강 2

가을에는
손톱 발톱이 다 먹는다

가을에 무 꽁지가 길면
겨울이 춥다

거저먹을 거라곤
하늬바람밖에 없다

노인

이 옷, 어디서 샀어 이쁘다
뭐가 이뻐, 거기는 나보다 더 이쁜 것
사 입더라
얼마 줬어
삼만 원 줬든가 하도 오래돼서 모르겠다
우리 납골당이 여기서 잘 안 보이네
보이면 어서 갈려고?
아니, 그냥 한 번 쳐다 본겨
늙으면 그냥 자는 듯 가야 돼
아픈 게 몸서리가 나는겨

모든 사람은 풀과 같고
그 모든 삶은 풀의 꽃과 같으니
풀은 마르고 꽃은 떨어지되
우리도 같이 떨어지는 거야
같이 떨어지고 말지
안 떨어지려고 왜 해

길을 가면서

길을 걷다 보면 발아래 내 그림자에 걸려
자주 넘어진다, 똑바로 가지 않는
내 그림자 때문이라고, 다 늙어서야 알게 된 것을
옆에서 같이 걷다가 내게 던져주는 아내의
젖은 발자국 소리
세상은 두루 걷다 보면, 헐벗고
가지만 앙상한 겨울이 오기 전에
침상에, 잔뼈를 가지런히 밀어 놓는다
뼈들은 제각각의 시간을 셈하며 저물어갈 무렵
제 몸에 묻은 살의 무게를 가늠하게 되면서
그것을 가만히 바라다보는 짙푸른 날의
손짓을 거두어들이는 건 아니었을까
뜻밖에 가쁜 숨결을 거두고
다시 내 그림자에 걸려 넘어지고 싶다
여름이 가고, 또 가을이 가고
눈 덮인 길을 가다가
다시 넘어져, 왔던 길을 돌아보는
다시 봄은 오고 가는 숲을 지나가는 것

숲은 조용하고 시끄럽고, 다시 소란스럽고
잠시도 조용하지 않은 날이었으니

강 1

물은 흐르고 있었다
젊은 날의 혈관을 뛰어다니며
삶의 지게를 짊어지고, 다시
멈출 수 없는 날은,
새의 날개 속, 숲은 무겁게 침묵한 채
아버지의 장딴지 핏줄
얼마간의 남은 짐을 덜어주고 싶었다
가끔 물은 흐르지 않을 때도 있었다
메마른 강바닥을 더 짚어나가지 못하고
뒤돌아선 어머니의 치마끈을 풀지 못했다
또 한 해가 담 넘듯 지나가고 나면
남은 자의 손등을 스치고 지나가는
혹독한 겨울바람을
바닥에 잠재우지 못하는 그 강줄기를
허리를 꺾으며 발걸음을 재촉하는
여든아홉의 남자는 속으로 울지 않았다
떠나고자 하는 자는
복숭아뼈가 아팠다

이제 물은 흐르지 않아도 될 무렵
마을 입구에 서성여도 바라보지 않는 나무가
아무도 모르게 강 쪽으로
몇 발자국 떼어놓고 있었다

강 2

강은 산의 힘줄
오늘도 그와 함께 흐른다
산의 뼈를 뛰쳐나가
낮은 곳으로 아래로 이끌다가
사람이 사는 마을에 닿으면
유성처럼 돌아와 몸을 푸느니
흘러내리는 피의 가죽을 당기며
침묵 속에서도 벽과 길이 보인다
새들이 한꺼번에 일어나
하나의 슬픔과 작별하고 나면
또 하나의 마을을 만나기 위하여
길을 재촉하네
어디든 기다리지 않고도
비로소 서로 눈을 마주치는
아직도 단념할 수 없는
꺼지지 않는 가로등 밑에서
피 묻은 발등을 밟으며
가장 더운 가슴으로 열어

오늘도 흐르고, 또 흘러서
부르튼 입술을 열어놓는다
먼 곳에서 마지막 닿는 마을 입구
빛나는 별이여 더 깊이 잠기어라

산(山)

내 조국에 발을 딛고 심원한 가슴을 흔드는 너 멀어져 가는
계절의 구슬픈 여명을 울린다 울먹이는 가슴을 부둥켜 안고
장밋빛 노을을 횡단해간 여기, 이름도 없이 떨어지는 나무들의
허망한 노래를 기도하며 하늘을 향해 새벽별 질 때마다 푸른 연륜을
헤아린다 항시 서 있어야 할 창연한 모습 산정에 서면 지난날은
얼마나 오랜 역사의 책갈피였든가 밀폐된 마음의 창을 열어두고
깃발처럼 기다림의 손짓으로 나부끼는 너와 나의 가슴에서 가슴으로
연결된 호흡 속 여기 무언의 대화가 흐르는 예토(穢土) 위에 우리는 장한
깃발을 흔들리라 내 조국에 발을 딛고 청잣빛 하늘에 손짓하며 그 심원한

계곡을 흔들어 아아, 너는 일제히 터지는 함성으로 멀어져 가는 계절의

구슬픈 여명을 울린다

동작동에서

- 친구에게

그랬었든가
광장으로 모여, 여자가
기웃거리는 창문으로 바람이 불면
가슴을 앓던 사람, 암울한 창가에 모여
골목길을 돌아서 예루살렘까지
은하계의 작은 별에서 지상까지
뜨겁게 흔들리면서 떨면서
젊은 여인들의 술잔을 비워 놓고
텅 빈 사내들의 가슴을 어루만지며
깊숙하게 비상하는 예리한 어둠 속의
지혜와 내게 어찌할 수 없는 무한한
시간을 나누어준 시대와 함께
피다가 진 이 땅의 꽃들에게
너는 묘비가 되어
유서를 건네는가

술

텅 빈 시대에 텅 빈 가슴으로
앓고 있는 시대를
비껴갈 수 없는 고독과
침묵하므로 시대를 거부하는 그대와
그 틈을 비집고 들어가는
들어가서 혼란스러운 비굴한 역사와
역사 때문에 울고 앉아있는 예수 그리스도
오늘 버림받은 자의 지갑의 두께
그 빳빳한 지폐의 교만과
네로 병사들의 짓밟힌 한 잔의 술의 용기와
슬픈 절망의 척추를 꺾는 시절을 버리고
다 타버린 나를 버리고
다시 돌아갈 수 없는 너를 위하여
마신다

별리(別離)

목마른 몇 송이 음악으로 부유하는 긴 밤의 행렬
모두들 던지고 간 사슴의 노래에
나도 몰라 하는 기억들

달빛도 별도 없는 차가운 날
우수의 긴긴 피리 소리에 가슴을 태우는 때
강물에 던져진 꽃 이파리

잊혀져야 할 것만 가득 쥐고
돌아와 시리도록 서로의 가슴을 부비면
한 줌 향기로 피어나는 그대의 모습
스스로가 스스로를 비친 벽의 둘레에서
새로운 운항의 길을 열면
그래, 많이 뜨거움이 타는 하늘이겠지
이제 늘 돌아다보며
종일을 소요해야 하는 일상의 침묵 같은 것
우리는 사랑했던 그만큼만 사랑하자
침묵으로 일관해 왔던 날들만큼

가깝고 먼 거리를 좁혀가면서
참 많은 날 그리워했던 것
도시의 변두리에 내리는 비를 맞으며
한없이 기다리며 그리워하는 동안
아직도 남은 자의 몫은 무엇이었든가
차가운 돌의 명패 위로 자꾸만 비는 내리고

자고새 1

단전 예고가 있던 늦은 오후이었다
아무래도 나는 빈 그릇에 담아둔
기어이 뽑아내지 못한 실수 하나가
고단하거나 성가셔서
작은 어둠 속으로 어떻게 하지 않은 것은 아니었으나
머리채 질질 끌듯 저녁이 온다
어쩔 수 없는 일이었지만
마지막 꽃잎 열린 창문으로 날아들어
여백으로 스며드는 너를 맞이하고 싶더라
그 어린 것은 큰 눈망울이 전부인 조류였다
뜨거운 제 안으로 뛰어든 것, 필사적으로 끌어안았던 것
대충 일을 마칠 무렵이면,
개망초꽃 지고 훠이 날숨 불어
깃털 날리곤 할 것이다
새 가슴에 찍힌 화인을 허공이라고 해야겠다
한 무리 빼꾸기 되어 이리저리 공중에
섭슬리고 있었으니

입동(立冬) 4

때린 놈은 오그리고 자도
맞은 놈은 펴고 잔다

제삿날 맏며느리 앓아눕는다

죽은 사람 생각에 우나
자기 설움에 울지

간다 간다 하면서
아이 셋 낳고 간다

빈집 2

방문을 열자 그는 없고
흑백 낡은 사진 한 장 비스듬히 걸려 있다
저 낡은 사진 어떻게 걸어 두었을까
살아남은 자의 기억을 새기기 위하여
노모는 여러 번 베개를 쌓아두었을 것이고
몇 번 굴러 넘어지면서 끈질기게 벽을 타고 올라갔을
늦가을 비 오는 날이었을 것이다
아들의 사진을 올려다보며
이승에서 꿈꾸었을 밤은 너무도 길었을 것이다
잠 속에서도 안으로 문을 걸어 잠그고
서로 먼저 일생을 묻었음을 증명하는 것
빈집 마당의 어느 구석에 오래된 무덤 하나 입을 연다
세상으로 손 내밀기 전 이 오래된
누군가 박아 놓았을 대못에 몸을 걸어두면
자꾸 내려와 방바닥에 눕는 몸을 어쩌지 못했을 것이다
뼈는 실체를 감추고 싶었을 것이고
뼈아픈 기억을 버리고 싶었을 것이고
뼈는 뜨거운 것을 감싸고 싶었을 것이고

시린 발목 아랫목 이불을 찾아 더듬거리며 묻었을 것이므로

집은 그대로 혼자 남아 있는 것이다

노을 3

마을로 접어들자
얼굴에 닿는 차고 시린 공기
세상에서 먼저 온 당신으로부터
보아요. 여기가 시작이라고
사람 사는 마을까지 길을 열어줍니다
밤새 첫눈이 내리기로 기별한 것 아니면서
서산으로 해가 집니다
내가 사랑이라고 말했을 때
말로 해서는 안 되는 것이 사랑이라고
처음이야 누구나 그리 말합니다
당신이 내 마지막 여자라고
붉게 붉게 물들이며
그냥 집으로 갑니다

발문

순정한 언어의 문간에 적힌 비망록

순정한 언어의 문간에 적힌 비망록

이병초 | 시인, 웅지세무대 교수

1

은행나무들이 우수수 잎을 떨어뜨리기 시작했다. 바람이 불 때마다 이리저리 쓸려 한데 몰리는 노란 잎들을 밟으며 누가 반갑게 다가올 것 같다. 오래 잊고 살다가 무심코 전화를 걸어서 안부를 묻듯 무주 적상산 주변도 은행잎이 휘날릴 터이다. 어쩌면 일기예보에 흘릴 새도 없이 첫눈이 왔을지도 모르겠다. 꿀벌들이 죄다 벌통 속으로 들어가서 겨울잠에 들었을 때이니 말이다.

계절의 시간표를 거절하지 못하고 이봉명 시인도 한 해 농사를 갈무리할 것이다. 문단에서 원고청탁서가 오든 안 오든 지금의 시단이 어떤 방향에 초점을 맞췄든 마실 나서듯 고샅을 오가며 한 해 글농사를 눈짐작하고 있으리라. 문단의 지인들이 자신을 찾기보다 자신이 먼저 지인들 안부를 묻는 곳. 눈을 떠봐도 감아보아도 산밖에 안 보이는 곳에서 이봉명 시인은 꿀벌을 치며 산다. 시인의 일상을 일일이 꿰어볼 처지가 못 되는 내가 어쩌다 통화할 때가 있는데 그의 목소리는 밝고 힘차다. 문명과 동떨어져서 사는 그이니까 적적할 것이라는 판단은 순전히 나의 착각이었다.

그러나 사실은 이와 반대임을 그의 시를 읽으면서 알았다. 눈물은 혼자 흘리는 것이라는, 세상에 널리 알려진 진실도 새삼스럽게 깨달았다. 누가 자신을 보든 안 보든 묵묵히 자신의 자리에서 시의 보폭을 넓혀가는 그의 시간은 지면을 얻고자 문단에 꾀똥 누거나 소맷동냥하기에 바쁜 이들을 준엄하게 꾸짖는 것 같다. 어떤 출판사에서 시집을 냈느냐가 중요한 것이 아니라 지금 어떤 시를 쓰고 있느냐가 더 중요한 게 아니냐고 이봉명 시인은 언젠가 내게 목소리를 높인 적도 있다. 그런 빚이 있으므로 나는 발문이라는 이름표를 달고 이봉명 시인의 시 앞뒤를 짚어봐야겠다.

2

이봉명의 시는 서정시가 가진 유연성에 충실하다. 시집 『바람의 뿌리』에 수록된 시들은 솔잎에 맺힌 이슬방울이 새소리에 놀라 튀어나가는 듯 자연스럽다. 그의 시들은 어린 나무의 몸통과 가지를 비틀어 철사로 친친 감아놓은 듯한 왜곡된 형상을 강요하지 않는다. 이미지에 포획된 언어의 날렵한 섬광, 시상 비약의 경쾌한 상상력과 과감한 생략을 통한 시상의 돌연한 울림은 있을지라도 텅빈 기표에 불과한 언어의 휘발성은 없다. 더구나 시의 여러 미학적 장치를 제거해버리고 언어 자체를 목적으로 내세운 시들은 절대언어가 무엇인지를 다시 한번 생각하게 한다. 현재 우리 시의 주류 정서가 되다시피한 된 불통과 불화, 거기에 종속되어버린 언어의 폭력성은 시의 언어가 획득한 온정주의의 싹조차 자를 만큼 위협적이기 때문이다.

이봉명의 시는 이런 우려를 애초에 가지지 않았다. 현대인의 불안한 정서를 동어반복의 피곤한 회로로 감아보이지 않음은 물론 최첨단의 사유와 최첨단의 방법론이랍시고 떠벌려 놓고 모국어를 학대하는 무례함도 없다. 주체와 대상간의 접촉 거기서 촉발되는 시의 발화점으로부터 언어에 색깔을 입히는 이미지의 펼침, 종결어미에까지 공력을 들인다.

아무렇게나 널려진 집으로
그날 밤 눈이 내렸다
아버지가 불러온 가난과
어머니가 챙겨둔 부끄러움을
아이들은 잊은 채

싸늘한 아랫목에 잠들고
소리 없이 소리 없이 밤이 깊었다
비겁하게 세상을 탓하는 일에
익숙하지 못한 건 순전히
밤이 무섭기 때문이었다
배고픈 아이들이 잠 속에서 울고
나는 아무 말도 할 수가 없다
긴 밤을 뒤척이다가
수북이 쌓인 눈길을 쓸어야 하는 일
모두가 쌀밥으로 보이는 눈 내린 밤
아이들이 자꾸 운다 그리고 그들은
꿈속에서 외친다
슬픈 것 아픈 것 추운 것 다 잊을 수 있어도
배고픈 건 싫다
가난은 부끄럽지 않아도
허기진 밤이 깊을수록
자꾸만 무섭다

—「겨울밤 2」, 부분

이 시에 형상화된 눈 내리는 밤의 소회는 한국 겨울 시가 얻은 원형적 통증이라고 해도 과언이 아니다. 겨울밤과 눈과 배고픔의 등식은 근현대사의 뼈저림만큼이나 우리에게 친숙하다. 서정시의 범주에서 비껴남이 없는 이 시에서 배고픔은 과거를 현재적 욕망에서 다시 해석하기를 요구한다. 가난이 가진 부끄러움을 몸에 감고 화자는 잠 못 들었던 과거 속으로 들어가서 무서움을 다시 절감한다. 배고픔이 "슬픈 것 아픈 것 추운 것"보다도 더 무섭다는, 과거와 현재를 동시에 펴 보이는 서글픈 정황을 확인하도록 유도한 셈이다. 돈이 신앙이 되어버릴 만큼 인간적 삶이 황폐해졌어도 그 돈을 벌어야만 살 수 있는 삶의 이중성에 시선을 집중시키는 것이다. 아름답게 사는 게 뭐냐는 무디면서도 절박할 수밖에 없는 질문을 이 글은 삼간다. 가난의 농도가 눈 내리는 겨울밤의 무늬로 그려져 담채화 한 폭을 보는 것 같은, 이 시가 무엇을 말하려 하는가 하는 물음에 대해서도 답을 미룬다. 기존 서정시의 유연성을 빼닮은 이봉명 시의 미래가 답이기 때문이다.

쉬지 않으리
5월의 우거진 꽃 숲을 헤치며
쉼 없이 건너서
그대에게 다가가리

넓은 들에서 멈출 줄 모르는

바람을 가르며
눈부신 햇살 쏟아지는 하늘에 떠 있는
저 꽃의 향기 따라
그대에게 날아가리

이 세상 모든 것보다 더 소중한
너를 위하여
그대에게 날아가리
무섭다고 떠나는 자보다
다시 돌아와
어린뿌리 뻗는 그대에게
우거진 나무 사이로 꽃 피우는

—「꿀벌 12」, 부분

이 시의 화자인 꿀벌은 시인과 동일시된다. 쉬지 않고 바람을 가르며 그대에게 날아가는 꿀벌의 행위를 통해 이봉명은 자신의 속내를 드러낸 것이다. 그런데 '너'가 누구인지 혹은 무엇인지 시의 문면에 드러나지 않는다. "이 세상 모든 것보다 더 소중한/ 너를 위하여/ 그대에게 날아가"겠다는 진술은 독자에게 '너'를 골똘하게 생각하게 한다. 문맥대로라면 그대는 가난이 무섭다고 고향을 떠났다가 귀농 또는 귀촌한, 삶의 뿌리를 막 뻗기 시작한 존재일 것이다. 아니다. 시인의 삶에서 멀어졌다가 비로소 시인의 품에 안긴 오래 된 무엇일 수 있다. 그렇다면 '너'는 사람인가, 자연인가, 시인의 오랜 숙원인가. 이 존재가 궁금할수록 이 시는 이봉명을 '꿀벌시인' 속에 가두지 않는 의미를 얻는다.

꿀벌 또는 꿀이 환기하는 것은 생활의 풍요로움이며 정착된 삶이다. 부산 부전동에서 무참히 청춘을 털리고 어린것과 임신한 아내와 "주변머리 없이 덤비지도 못하고/ 떼밀려"(「근황1」)서 고향에 돌아온 뒤 수십 년 꿀벌을 치고 살았으니, 경제적 풍요로움과 정착된 삶에 마음 설레는 것은 시인에게 숙명과도 같다. 더구나 그는 "청백으로 힘차게 달리고 겨루던/ 가을 운동회를 쓸쓸히 창틈으로 바라보던/ 눈망울 큰 나를 생각"(「운동장」)하는 신체적 아픔을 지니고 있고, 일제 전쟁터에 끌려갔다가 돌아온 소작농 아버지의 가난을 입고 유년을 보냈다. 시에 언표된 시인의 이력은 꿀벌 또는 꿀의 의미를 물질적 풍요로움과 붙박이 삶을 그리워 한 데에 맞물려 작동된다.

하지만 꿀벌과 꿀의 원심력은 여기서 그치지 않는다. 풍요로움 또는 정착으로 요약되는 욕망만이 이봉명과 이봉명의 시를 버티게 한 힘은 아니었다. 그는 "황폐하기를 스스로 자처하는 이 땅"(「꿀벌은 간다」)의 백성임을 잘 알고 있다. 황폐해지기를 자처하는 기막힌 땅에 사는 그는 "삶은 억압당하는 자의 몫"(「고향, 포내리 1」)이라는 사실과 "아주 오래전부터 멀어진/ 그리하여 간격을 좁히지 못하는/ 희망은 어찌하여/ 자꾸 쓰러지는지"를 쓰라리게 경험했으므로 "새 한 마리로 지상에 뿌리 뻗으며/ 닿고 싶었"(「포내리 4」)다는 고백을 시의 전면에 내세울 수 있다. 이 발화는 이봉명 또는 그의 시가 가난에 대한 한풀이가 아니며 가난과 신체적 불편함 때문에 오히려 삶에 더 매달린 것도 아니라는 사실을 말해준다. 그는 인문 사회과학적 상상력에 빈곤한 꿀벌 시인이 아니라 시대의 질곡에서 한 치도 벗어난 적이 없는, 일국(一國)의 눈매 서늘한 시인인 것이다.

이제 우리는 '너'를 만나야 한다. 그의 시는 풍년이 들면 농산물 값이 똥값이고 흉년이 들면 금값이 되는 부박한 농촌 현실을 꿰뚫어보고 있다. 그러므로 "새벽을 따라가다 보면/ 어디쯤에서/ 바람의 뿌리를 만날 수 있을까"(「새벽」)라고 바깥의 공간을 노래할 수 있다. 이 순정한 상황이「새벽」에만 한정되는 것은 아니다. 이봉명 시의 전체에 해당된다고 볼 수 있다. 시 속에 은폐되었거나 언표된 외로움과 가난과 그리움과 고독함의 근원이 '바람의 뿌리' 즉 걸림새 없는 삶을 만나기 위한 낮은 포복이므로 그렇다. 따라서 '너'는 '자유'의 동의 어일 가능성이 높다. 화자는 붙박이 삶과 떠돌이 삶의 경계를 끊임없이 되짚고 허물며 공판장도 수매가도 없는, '너'란 해방공간을 설레었을 것이다.

실물 거래의 곤궁한 풍토 속에서도 "얼마나 애 끓이며 펴 날랐으면/ 맑고 붉고 투명하다 못해 달콤하기까지 하던/ 꿀은/ 봄이 가고 여름 가고 가을의 끝자락에 이르러서야/ 순명처럼 깊어지는가"(「벌꿀 2」)를 건져낸 시의 촉수는, 현대시의 위의(威儀)를 북돋우는 수정체라고해도 과하지 않다. 이봉명의 시들은 이런 절창을 여럿 품고 있다. 하지만 나는 이 지점에서 한 가지 조언을 하고자 한다. 그의 시들 편편이 귀담아 듣고 새겨야 할 점이 많지만 형식과 어법, 이미지 포획 등의 시적 발화법이 천편일률적이라는 점이 그것이다. 『바람의 뿌리』로 여섯 권의 시집을 상재한 이봉명. 시독법이며 창작법은 물론 시어 개개가 가진 빛깔의 회로까지 자신의 몸에 적혔을 시인, 하지만 나는 감히 시력 30년의 중견 시인께, 자신만의 시행 배치법과 언술의 도드라짐, 고도의 탄력성을 감지한 이미지 활착 등의 새 발화법을 찾아내기를 원한다.

시의 갱신은 이봉명의 인과적 시독법을 해체하도록 요구할 것이며 그의 시 자율성을 넓히는 동력으로도 작동될 터이다. 또한, 같은 시집에서 「고향, 포내리」와

「포내리」 연작에 나타난 시적 상황의 동선이 겹치는 비운을 없애는 한편, 폐가(廢家)의 문간을 들락거리며 '몸짓으로 새기는' 꿀벌의 비문(碑文)을 해독하는데 필요한 침전된 슬픔을 선사할 것이다. 꿀벌, 꿀, 꽃이란 시어의 숱한 마주침도 적극 만류하면서, 종결어미를 돌연 "-어라" 또는 "-도다" 등으로 맺은 의고적 어투를 차갑게 간섭할 것이다. 그렇지 않고 지금까지 보여준 시 쓰기 방법을 고수한다면 그것은 기존 시 형식의 강박으로 읽히거나 같은 시 쓰기의 반복이라는 비난을 피할 수 없다. 일상 또는 시대의 질곡과 밀착되었든 거리를 두었든 시의 대상을 해독하는 다양한 시점을 확보해내면서 어떤 시와도 닮지 않은 시의 갱신을 꾀할 때 그의 시는 서정시가 가진 오랜 질감과는 또 다른 시의 울림으로 확장될 것이다.

3

나는 이봉명 시의 고귀함을 믿는다. 그가 가슴 두근거리며 자유를 끌어당길 때의 현실은 자연이기 때문이다. 우리는 문명의 거대한 능력에 경탄을 보냄과 동시에 문명이 망가뜨린 자연을 보고 분노하는 존재이며 안

타깝게도 문명이 가진 편리함에서 못 벗어나는 슬픈 존재이다. 하지만 이봉명의 시는 이런 이중적 잣대에서 자유롭다. 이봉명의 시가 자유를 끌어당길 때 자연과 함께 딸려오는 시대와 역사의 기형성, 경제적 불평등, 생태계 교란 등의 문제의식들은 이봉명 시의 기저에 깔린 시의 발화점이므로 그렇다.

앞으로도 이봉명의 시는 삶이 가진 한계와 희망을 부단히 오가면서 진실로 값지고 가치 있는 삶의 행위가 무엇인지를 보여줄 것이다. 자신의 서정성을 힘껏 밀고 나가는 그의 시는 텅 빈 기표에 불과한 무중력 공간을 구축하지 않을 것이며 삶의 진정성이 결여된 순 싸구려 자폐 증상과도 거리를 둘 것이다. 그는 시의 언어가 단지 수단에 그치지 않고 수단이자 목적이라는 분명한 의식을 가지고 있으며 시적 미학 장치에 물리지 않은 절대언어가 무엇인지도 잘 아는 시인이므로 더 그렇다.

적상산 근처에 바람이 혹독하겠다. 계절과 관계없이 시인의 고향이 갈수록 상품화되는, 황폐해지기를 자처하는 기막힌 현실을 그는 쓰라리게 지켜보고 있을 것이며, 아름답게 사는 게 어떤 삶이냐는 물음에 혹독하게 당하고 있을 터이다. 멀쩡한 산천을 까부수고 허물고 메워서 오죽잖은 건물이 들어서는 꼴을 볼 때마다 그는 인간의 욕망을 집어삼킨 돈의 욕망이 얼마나 무섭고 잔

인한 것인지를 곱씹고도 있을 것이다. 그러므로 문명적 삶 또는 문명의 외진 곳이 시의 두메산골일 수는 없다. 솔잎에 맺힌 이슬 한 방울로 잘못된 세상과 맞서고자 하는 그의 서정 정신은, 사람을 사랑하고 삶을 사랑하는 불가항력적인 힘, 민중의 집단적 그리움이 어떤 것인가를 시로 보여줄 것이기 때문이다.

은행나무들이 잎들을 거의 다 떨어뜨렸다. 바람에 불려 이리저리 쏠리는 노란 잎들을 밟고 그가 산처럼 나를 부를 것 같다. 뒤안 어딘가에 묻어두었을 칡술이며 더덕술을 항아리째 안기겠다고 돗자리에 돌돌 말아두었던 산그늘을 펼 것만 같다. 솔갱이 태운 냇내를 쐬며 밤이 깊어 가리라. 머루알 같은 그의 눈망울 속에 들어가 한 계절이 다 가도록 뒨정거려도 적상산은 허리를 펴서 나를, 우리를 반기리라.

이 도서의 국립중앙도서관 출판예정도서목록(CIP)은 서지정보유통지원시스템 홈페이지(http://seoji.nl.go.kr)와 국가자료공동목록시스템(http://www.nl.go.kr/kolisnet)에서 이용하실 수 있습니다.(CIP제어번호: CIP2017031247)

바람의 뿌리

2017년 12월 05일 초판 1쇄 찍음
2017년 12월 10일 초판 1쇄 펴냄

지은이 _ 이봉명
펴낸이 _ 나문석
편　집 _ 장상호
표지그림 _ 김창숙

펴낸곳 _ 도서출판 두엄
등록번호 _ 제03-01-503호
주　　소 _ (41969) 대구광역시 중구 명륜로12길 21
대표전화 _ (053) 423-2214
전자우편 _ dueum@hanmail.net

ISBN 978-89-85645-70-6 03810

＊지은이와 협의하여 인지는 생략합니다.
＊책값은 뒤표지에 표시되어 있습니다.
＊이 시집은 2017 문화체육관광부 한국장애인문화예술원 지원으로 출간되었습니다.

문화체육관광부 Ministry of Culture, Sports and Tourism　한국장애인문화예술원 Korea Disability Arts & Culture Center